LETTRE

SUR LES

EAUX MINÉRALES D'ENGHIEN

(Département de Seine-et-Oise);

Par A. CHEVALLIER Fils,
CHIMISTE,
Membre correspondant de la Société impériale de médecine,
de chirurgie et de pharmacie de Toulouse.

TYPOGRAPHIE DE E. ET V. PENAUD FRÈRES,
RUE DU FAUBOURG-MONTMARTRE, 10.

1856.

LETTRE

SUR LES

EAUX MINÉRALES D'ENGHIEN

(Département de Seine-et-Oise);

Par A. CHEVALLIER Fils,
CHIMISTE,

Membre correspondant de la Société impériale de médecine, de chirurgie et de pharmacie de Toulouse.

Mon cher Docteur,

Vous me demandez ce que sont les eaux d'Enghien, qui sont maintenant fréquentées et par vos compatriotes, et par des Américains ?

Je vais essayer de répondre à vos questions ; je ferai ce que je pourrai pour vous donner, dans le moins de mots possible : 1° une idée de la localité ; 2° des détails sur les sources, la composition de l'eau ; 3° sur l'établissement ; 4° sur les maladies qui y sont traitées ; 5° sur la manière dont on vit à Enghien et sur les distractions qu'on peut y trouver ; car, vous le savez, les promenades et les distractions sont nécessaires aux malades.

Situation d'Enghien.

Enghien est une petite commune du département de Seine-et-Oise, qui compte 400 habitants ; mais cette commune est privilégiée. En effet, il serait difficile de trouver un site plus agréable et de le décrire : les expressions tracées par la plume rendraient toujours imparfaitement ce qu'on éprouve quand on arrive à Enghien pour la première fois; c'est un charme, c'est une séduction. Ici sont de nombreux chalets; là se voit un jardin au bord d'un lac ; plus loin un parc immense, avec de frais ombrages ; puis vient un lac entouré de maisons délicieuses, sillonné par des barques, animant des eaux limpides et abondantes (1); plus loin encore, la vue du château de Saint-Gratien, habité par Catinat qui y mourut le 25 février 1712. Tous ces tableaux animés font de cette localité une merveille qui, comme le disait Pariset, *fait venir les larmes aux yeux*, et qui, selon Reveillé Parise, *doit donner la santé aux malades*.

La princesse Mathilde y possède une magnifique propriété, qui touche au petit lac par une très belle allée aboutissant à un élégant débarcadère. La présence de la princesse à Saint-Gratien est un bienfait pour le pays (2).

Nous n'essayerons pas de décrire le paysage qu'on admire à Enghien ; il faut laisser un pareil soin à un poëte : encore doutons-nous qu'il puisse être à la hauteur de sa tâche (3).

Enghien, outre ses beautés naturelles, est situé au milieu d'un centre qui intéresse, qui impressionne, lorsqu'on étudie cette contrée si célèbre par une suite de faits, qui se rattachent

---

(1) Le lac d'Enghien a 100 mètres du sud au nord, et 500 mètres de l'est à l'ouest ; sa superficie est de 35 hectares.

(2) On sait que la princesse Mathilde est présidente d'une œuvre de charité établie à Paris, rue de la Bienfaisance, et où sont reçues de malheureuses jeunes filles atteintes de maladies incurables.

(3) Reveillé Parise disait à leur sujet : *Transporté dans un pareil lieu, un pauvre malade doit certainement espérer de guérir, il ne peut concevoir qu'il en soit autrement. Comment la nature si belle, si libérale, pouvait lui refuser une*

à l'histoire de notre pays, histoire que l'on n'étudie pas assez.

Enghien est situé au milieu de la vallée de Montmorency, à douze kilomètres de Paris, quatre kilomètres de Saint-Denis, un kilomètre de Montmorency. Un chemin de fer dont un convoi part, toutes les heures, soit de Paris, soit d'Enghien, permet aux malades d'être à Paris autant qu'ils le veulent, et de prendre leurs eaux et leur domicile à Enghien; ils sont à même, au besoin, de consulter nos célébrités médicales.

Les sources d'Enghien ne sont connues que depuis quatre-vingt-dix ans; elles ont d'abord porté le nom d'*Eaux de Montmorency*, puis elles ont pris le nom d'*Eaux d'Enghien*. La découverte de l'utilisation de ces eaux doit être attribuée au père Cotte, alors curé de l'Oratoire, à Montmorency, à qui l'on doit un travail qu'il fit en commun avec Deyeux, membre de l'Institut, travail qui est intitulé : *Mémoire sur une nouvelle eau sulfureuse découverte dans la vallée de Montmorency, près Paris, en* 1766, *et analyse de la même eau* (Paris, 1774, in-4°).

Les sources sont à Enghien au nombre de cinq : la *Source Cotte*, désignée aussi par le nom de *Source du Roi*, la *Source Deyeux*, la *Source Péligot* ou *Source de la Rotonde*, la *Source nouvelle* ou *Source Boulland père*; enfin la *Source de la Pêcherie*.

La Source Cotte a porté aussi le nom de *Ruisseau puant*,

---

partie de cette force vitale qu'elle prodigue de l'autre part? Comment ne pas recouvrer la santé dans un lieu si agréable, avec un air si tempéré, une verdure si riante, des eaux si pures, des sites si frais, si tranquilles? Madame de Sévigné, admirant, pendant son séjour à Vichy, le paysage qui entourait l'établissement, écrit à sa fille : LE PAYS SEUL ME GUÉRIRAIT. *Qu'aurait dit cette mère beauté, comme l'appelait Coulanges, si elle eût séjourné à Enghien, si attrayant par sa situation pittoresque et les campagnes qui l'environnent?*

lorsqu'on ne s'expliquait pas que son odeur était due à un principe minéralisateur qui pouvait être utilisé dans l'usage médical. L'ignorance, à cet égard, était telle, que l'on avait agité à cette époque la question de savoir comment on pourrait se débarrasser et de la source, et de l'odeur hydrosulfurée, regardée comme une cause d'insalubrité par une partie *des habitants,* qui *n'habitaient pas,* il est bon de le dire, près de la source, mais à des distances considérables.

C'est à la suite de ce projet que le père Cotte, qui était un intelligent observateur, examina les eaux odorantes qui faisaient le sujet de la discussion, les fit étudier et analyser. Le résultat de l'analyse lui fit connaître que ces eaux pouvaient être utiles pour le traitement de diverses maladies. Convaincu, il fit part de ses idées à un physicien des plus distingués, l'abbé Nollet, qui communiqua les observations du père Cotte à l'Académie des sciences (1).

Malgré toutes ces démarches, les eaux de Montmorency n'obtinrent pas de succès; elles tombèrent dans un oubli total, quoique le prince de Condé en eût fait la concession à M. Levieillard, propriétaire des eaux de Passy, qui fit construire à Enghien une espèce de bassin destiné à recevoir l'eau hydrosulfurée.

Les eaux d'Enghien paraissaient devoir être abandonnées, quoique divers savants, au nombre desquels on doit compter Deyeux, Fourcroy, Delaporte, Damien, Vauquelin et Lonchamp, s'en fussent occupés. Mais on sait que les savants ne se

---

(1) Mon père a fait des recherches sur le père Cotte et sur le lieu où il avait été inhumé ; mais ces recherches n'eurent pas de résultats ; en effet, dans la visite de l'ancien cimetière de Montmorency; il n'a pas retrouvé le tombeau d'un homme qui a rendu de si grands services, non-seulement à l'hydrologie, mais encore à la météorologie ; il n'a pas pu savoir ce qu'étaient devenus les papiers du père Cotte.

livrent pas à l'industrie ni à ses applications, et il fallait, pour faire sortir de leur obscurité les eaux d'Enghien, un homme courageux et capable. Cet homme se trouva, c'était *Peligot*. C'est donc Peligot qui fonda l'établissement qu'on voit à Enghien, et, pour cette fondation, il mit en jeu et son temps et sa fortune ; mais, chose commune, il lui arriva ce qui arrive aux hommes qui font une création nouvelle, il éprouva des revers accablants, et il succomba dans son entreprise.

Peligot, en s'occupant des eaux d'Enghien, fit une bonne action (1); mais cette bonne action lui coûta cher ; ce fut sa ruine : on assure qu'il dépensa, dans cette affaire, 1,800,000 fr.

Les eaux d'Enghien eurent d'abord du succès, puis elles furent négligées, enfin abandonnées (2).

Le seul reproche que font à Enghien les habitants de la capitale, c'est d'être trop près de Paris. Ce reproche s'explique : il est de règle que, lorsqu'on va aux eaux, il *faut éprouver de grandes fatigues, subir de prétendus dangers, faire des dépenses considérables*, afin de pouvoir à son retour exposer ce qu'on a vu, ce qu'on a subi, et dire avec fierté : Je reviens de Spa, de Hombourg, d'Ems, de Bade, etc., etc.

---

(1) On a dit quelque part que *Peligot a fait une bonne action*, en créant à Enghien un établissement d'eaux minérales. Cette appréciation, qui est encore due à Reveillé Parise, est juste ; c'est Peligot qui a donné de la valeur à Enghien, qui n'était qu'un hameau où l'on trouvait à peine quelques maisons. C'est cette création qui fait que les bords du lac ne sont plus déserts. C'est à lui que les habitants d'Enghien doivent rapporter le bien-être qui résulte pour eux de la présence des baigneurs. En effet, que deviendrait Enghien si les eaux n'existaient plus ? ce serait une commune qui serait abandonnée de toutes les personnes qui, dans un espace de cinq mois, gagnent, en louant leur maison ou en faisant un commerce quelconque, de quoi vivre pendant le reste de l'année.

(2) A cette époque, il y eut contre les eaux d'Enghien une croisade qui n'avait rien d'honorable pour *les croisés*, mais qui fut funeste à Enghien.

Ce désir de malade de s'éloigner de la localité qu'il habite, de subir ce qu'il appelle *des épreuves* de voyages, explique la présence à l'établissement d'Enghien des Espagnols, des Américains, des Anglais, des Norwégiens; ils font comme nous : ils sont venus de loin chercher le soulagement à leurs maux, mais ils n'ont point eu de dangers à courir pour arriver à Enghien.

Cependant, si on réfléchit, Enghien est réellement une ressource immense pour les nombreux malades habitant Paris, malades qui, par leur position, ne sauraient s'éloigner de la capitale pour aller chercher les eaux dont ils ont besoin : là, ils peuvent, presque sans dépense et sans fatigue, et même en se reposant de leurs travaux, prendre les eaux qui leur sont salutaires. En effet, quoi de plus facile, leurs travaux de la journée étant terminés, de se rendre au chemin de fer et, aussitôt leur arrivée, que de prendre un bain, puis de se livrer, après leur repas, à une promenade délassante? Un second bain, pris le lendemain, ne les empêche pas de retourner à leurs occupations journalières. En mettant en pratique ce mode de faire, dans l'espace d'un mois, les dimanches compris, ils auront fait leur saison.

L'établissement d'Enghien, créé par Peligot, fut ouvert en 1821. C'est à partir de cette époque qu'il reçut des malades. Tout semblait devoir aider cette création utile. En effet, le roi Louis XVIII s'était mis aux eaux d'Enghien, qu'il faisait puiser à la source Cotte, à qui par flatterie, à cette époque, on donna le nom de *Source du Roi*. Cependant, des circonstances particulières venant à la traverse, l'établissement, que Peligot ne pouvait plus soutenir, passa en d'autres mains : il fut régi par M. Boulland père, puis par M. Boulland fils, et par M. de Curzay; à l'époque actuelle, il est sous la direction intelligente du docteur Bécourt.

L'établissement d'Enghien se compose des bâtiments destinés au logement des malades et à l'administration des bains. Les logements sont plus ou moins complets, plus ou moins simples, mais appropriés à la dépense que veulent faire ceux qui doivent les habiter. Les baigneurs peuvent aussi se loger soit aux *Quatre-Pavillons,* soit dans des maisons particulières ; mais, en général, le baigneur préfère l'établissement : là il trouve, sans sortir pour ainsi dire de chez lui, un cabinet de lecture pour les journaux, une bibliothèque, un restaurant, des promenades. S'il veut prendre son bain, sa douche, il n'a qu'un pas à faire : l'établissement dispose de 50 appartements ou de 150 chambres. Il y a à Enghien 10 cabinets pour les bains simples, 28 pour les bains d'eau minérale, enfin 14 pour les douches.

L'établissement possède sur le lac 12 bateaux, qui sont gratuitement mis à la disposition des baigneurs qui habitent l'établissement.

Pendant la saison des eaux, le dimanche et le jeudi, il y a, dans les jardins des bains, des concerts. Là, des artistes de Paris viennent se faire entendre, et égayer les baigneurs et les personnes qui viennent pour les visiter.

Analyse des eaux d'Enghien.

L'analyse des eaux d'Enghien a été faite par MM. Deyeux, Levieillard, Fourcroy, Delaporte, Longchamp, Ossian Henry (père), enfin par MM. Lecomte et de Puisaye. Ces eaux contiennent de l'azote, de l'acide carbonique libre, de l'acide carbonique combiné, de l'acide sulfhydrique libre, des hydrosulfates de chaux, de magnésie, de potasse, des chlorures de sodium, de magnésium, de potassium ; des sulfates de magnésie, de chaux, de potasse ; des sous-carbonates de chaux, de magnésie et de fer ; de la silice, de l'alumine, une matière végéto-animale ; mon père admet encore dans ces eaux la présence d'une certaine quantité d'ammoniaque. Cette opinion est aussi celle de M. Boussaingault (1).

Les eaux d'Enghien répandent une odeur très forte d'*hydrogène sulfuré*; elles sont claires, limpides ; leur saveur, qui est particulière, est suivie d'astriction, puis d'une légère amertume; la température ordinaire de ces eaux varie : elle est de 10 à 14 degrés centigrades ; sa densité est variable ; exposées à l'air, elles perdent de leur odeur et donnent naissance à un précipité et à une pellicule qui sont le résultat de la décomposition de l'eau au contact de l'air ; dans le réservoir, ces eaux laissent déposer du soufre. Mon père a recueilli de ce soufre, qui s'était précipité à l'intérieur sur le couvercle de ce réservoir et dans le réservoir lui-même, et la quantité qu'il en a recueillie est assez considérable (2).

Les propriétés médicinales des eaux d'Enghien ont été parfaitement constatées. Ces eaux sont très actives ; elles sont recommandées dans une foule de cas, particulièrement dans le traitement de plusieurs maladies chroniques, où il y a nécessité de relever le ton des organes affaiblis : elles augmentent la transpiration; elles stimulent l'appétit, quelquefois elles déterminent la constipation, qu'il faut alors combattre par des moyens appropriés. D'après le docteur Patissier, les eaux d'Enghien sont utiles dans les affections scrofuleuses, les engorgements glanduleux du col, les maladies cutanées, quelques cas d'asthme, les catarrhes chroniques de la poitrine et de la vessie, la métrite chronique, la leucorrhée, les pâles couleurs, la suppression des règles, les diarrhées opiniâtres, les gastralgies, les rhumatismes anciens, les tumeurs blanches, les

---

(1) Nous renverrons, pour les quantités des substances contenues dans ces eaux, aux ouvrages spéciaux.
(2) Ce soufre pourrait servir à fabriquer des pastilles.

différentes espèces de paralysies, et surtout la colique et la paralysie saturnine.

Leur action dans les affections du larynx et des bronches peut être regardée comme réellement spécifique ; c'est ce qui explique la présence à Enghien de plusieurs avocats de la capitale et celle de ses chanteurs les plus renommés. M. Dupin aîné y a passé deux mois l'an dernier ; MM. Gueymard, Obin, Massol, Chapuis, de l'Opéra, mademoiselle Poinsot, viennent y puiser fréquemment des forces capables de neutraliser les fatigues inhérentes à une des plus vastes salles lyriques de l'Europe.

Les eaux d'Enghien s'administrent sous toutes les formes : en douches froides et chaudes, en bains et en boisson.

On prend, le matin, les eaux à la source, à la dose de deux ou trois verres; on peut les couper avec du lait ; on en prend aussi un verre le soir.

Ces eaux ont été suivies par un grand nombre de personnes célèbres. Louis XVIII, comme nous l'avons dit, en a fait usage; on a vu à la source le savant Orfila, qui avait pour Enghien une véritable prédilection. Magendie y a cherché le soulagement de ses dernières souffrances ; M. Haussmann, préfet de la Seine ; M. de Heeckeren, sénateur ; le célèbre naturaliste Guémard, y ont séjourné successivement. Aujourd'hui la société d'Enghien se compose, en partie, d'étrangers illustres que les vicissitudes politiques tiennent momentanément éloignés de leur pays, et qui viennent chercher sous ses frais ombrages l'oubli de leurs maux et de leurs douleurs.

Les personnes qui ont écrit sur Enghien sont principalement :
1° le père Cotte, qui publia un travail sur les eaux de Montmorency, qui se trouve dans l'*Histoire de l'Académie des sciences*, 1766, p. 38 ; 2° Deyeux, qui, en 1774, a donné une analyse de l'eau d'Enghien, sous le nom d'eau de Montmorency ; 3° Levieillard, qui a publié un travail dans les mémoires de l'Académie des sciences (savants étrangers), t. 1, p. 673 ; 4° Fourcroy et

Delaporte, qui ont fait connaître l'analyse de ces eaux en 1778 ; 5° Damien, qui traitait des eaux d'Enghien dans un aperçu topographique et médical ; 6° Lonchamp, qui publia dans un volume l'analyse des eaux d'Enghien faite par les ordres du gouvernement ; 7° Ossian Henry, qui donna dans le *Journal de Pharmacie*, t. II. p. 831, les analyses de l'eau de la source de la Pêcherie ; 8° Fremy, de Versailles, qui fit aussi une analyse de la même eau, puis viennent les travaux de MM. Boulland fils, Lecomte et de Puisaye, puis ceux de mon père, qui *aurait voulu qu'Enghien fût pendant l'hiver utilisé par l'administration militaire pour combattre les maladies dont sont affectés les officiers et les personnes qui ressortent du ministère de la guerre.*

L'établissement d'Enghien, placé aux portes de Paris, où les médecins les plus habiles peuvent, à l'aide des chemins de fer, se rendre avec facilité pour visiter leurs malades, serait le local le mieux choisi pour résoudre la question soulevée par divers praticiens, de *savoir si l'on ne pourrait pas, comme l'ont avancé divers médecins, prendre avec succès les eaux minérales en hiver.*

Si l'on voulait étudier la question, on conçoit qu'il faudrait approprier une partie du local pour ce genre d'expérimentations.

On retrouve encore dans le monde *un de ces dires*, que les Croisés, qui voulaient anéantir Enghien, avaient exploité. Ce dire porte sur un préjugé qui consistait à établir que le plateau d'Enghien est humide, et que les fièvres intermittentes y sont endémiques.

Nous avons suivi à Enghien notre mère bien-aimée, que nous avons perdue, et qui, plusieurs années avant sa mort, y passait la belle saison pour se soigner d'une maladie grave, nous avons pu constater qu'Enghien n'est pas plus humide que les bords de la Seine, qui sont occupés par des maisons de luxe, maisons qui sont recherchées et habitées dans la belle saison par des *savants riches*, par des hommes qui, en raison de leur fortune, peuvent dépenser assez pour habiter ces palais. Ira-t-on dire, parce que la Seine baigne le parc de Saint-Cloud, que Saint-Cloud est un lieu insalubre; que Vichy, dont les rives sont baignées par l'Allier, est un lieu dangereux pour la santé? Il est vrai, et il faut le dire, que les rhumatisans doivent prendre des précautions contre la température du soir; mais cette température s'observe aussi bien sur les montagnes que dans les vallées, et les mêmes précautions doivent être prises dans toute localité.

Quant aux fièvres paludéennes ou autres qu'on dit régner à Enghien, le fait est démenti par des lettres des plus concluantes que nous avons en notre possession, et qui ont été écrites à mon père par MM. les docteurs Martin, Boulland fils, de Puisaye, lors d'une enquête qu'il avait entreprise relativement à la salubrité de cette localité si étrangement attaquée.

La question était d'ailleurs jugée depuis longtemps. En effet, Fourcroy avait dit : *Les effets salutaires ou thérapeutiques des eaux sulfureuses d'Enghien seront merveilleusement secondés par les influences physiques de ce pays.*

L'opinion de Fourcroy fut confirmée par l'Académie de médecine par l'adoption d'un rapport fait, sur la demande de M. le Ministre du commerce, à propos de l'eau de la nouvelle source découverte par M. Boulland père. (*Voir le rapport fait à cette savante Compagnie, le 13 octobre 1835.*)

Notes additionnelles.

Sur les localités que l'on peut visiter en partant d'Enghien.

Nous avons dit que les malades qui sont aux eaux avaient besoin de distractions et qu'on pouvait se les procurer avec facilité; en effet, on trouve à louer à Enghien, aux prix de 2 et 3 fr. l'heure, des chevaux, des calèches, à l'aide desquels on peut visiter les environs. Le nombre des promenades que l'on peut faire est plus ou moins considérable, cela dépend de la volonté du malade.

Les localités qui présentent de l'intérêt et qu'on peut visiter sont les suivantes : Andilly, Argenteuil, Colombes, Eaubonne, Epinay, Franconville, Saint-Gratien, Montmagny, Montmorency, Pontoise, Soisy, Sanois, Saint-Denis, Saint-Leu-Taverny.

Epinay, qui touche presque à Enghien, est une petite commune du département de la Seine où les rois de la première race avaient un château. Frédégaire raconte que Dagobert, vainqueur de ses ennemis, se rendit en grande pompe au château d'Epinay, accompagné de ses deux fils, Sigebert et Clovis, et de toute sa cour; là, il aurait fait son testament, ordonnant à ses enfants de l'approuver et aux évêques de prier pour lui. C'est à Epinay que Dagobert fut atteint de la maladie dont il mourut quelque temps après à Saint-Denis.

Epinay a été habité par MM. de Lacépède, de Sommariva, par M. Julien, propriétaire du Théâtre-Français, par M. Perrin jeune, par M. de Crussol et par Fourcroy, le chimiste. M. de Lacepède est mort à Epinay.

Argenteuil est célèbre ; c'était autrefois un bailliage qui ressortait directement du Parlement de Paris, il comptait plusieurs abbayes, couvents d'hommes et de femmes et un hôpital fondé par Saint-Vincent-de-Paul.

Le prieuré d'Argenteuil datait de 656 ; donation en avait été faite par les fondateurs à l'abbaye de Saint-Denis. Charlemagne donna ce prieuré à sa fille Théobrade, puis les religieuses Bernardines le possédèrent jusqu'en 1129 ; à cette époque, elles en furent chassées à cause de la légèreté de leur conduite. Héloïse s'y était retirée en 1120 ; elle fut forcée d'en sortir comme les autres et de se réfugier au Paraclet, dont elle devint la prieure.

Les Bénédictins de Saint-Denis occupèrent le prieuré d'Argenteuil, qui d'abord avait été fondé pour eux.

Les historiens rapportent que, sous Charlemagne, l'impératrice Irène avait envoyé à cet empereur la robe sans couture de N. S. J. C., et qu'il en avait fait don, ainsi que de la boîte d'ivoire qui la renfermait, au prieuré d'Argenteuil dont sa fille était abbesse ; ils disent aussi que lors de l'invasion des Normands, les religieux l'enfermèrent dans une muraille d'où elle fut retirée en 1156 et exposée de nouveau à la vénération des fidèles.

Argenteuil était autrefois une place forte entourée de murailles flanquées de tours, et défendue par un large fossé ; elle eut à se défendre, en 1565, contre les huguenots, qui la prirent d'assaut. Le 2 juillet 1815, il y eut entre les Français et les Anglais un combat sérieux. Les Français, quoique inférieurs en nombre, repoussèrent l'ennemi et lui prirent deux drapeaux.

Parmi les habitations qui embellissent Argenteuil, on cite le château des Marais, qui a appartenu au comte de Mirabeau, puis à M. Décrès, la maison de Palissot, la propriété de Cadet-de-Vaux.

Jacques de Vitry, auteur d'une histoire des croisades, est né à Argenteuil.

Argenteuil est un pays vignoble ; son vin est célèbre aux barrières de Paris; il a eu une certaine réputation, en effet, en 1215. Philippe-Auguste fit cadeau à Guérin, évêque de Senlis, son chancelier, des vignes qu'il possédait à Argenteuil.

COLOMBES est un village qui n'est séparé d'Argenteuil que par la Seine ; il possède de jolies propriétés; c'est au château de Colombes qu'Henriette-Marie de France, troisième fille d'Henri IV, reine douairière d'Angleterre, faisait sa résidence ordinaire, elle y mourut subitement, à l'âge de soixante ans, le 10 septembre 1669.

SOISY, qui domine le lac d'Enghien, doit son nom à Jean de Soisy, qui, devenu propriétaire de la terre de la famille de Loménie, la céda en 1627 à Louis XIII, qui voulait y établir un rendez-vous de chasse. C'est dans ce château, où Louis XIII se plaisait beaucoup, qu'il allait passer le mois d'octobre. Ce château était peu de chose, car Bassompierre l'appelait *pauvre château, chétif château*. On sait que Versailles est devenu depuis une des merveilles du monde.

Soisy possède de belles maisons de campagne et le château de la famille Davilliers, à qui appartient le bois Jacques. Ce bois, grâce à la bienveillance des propriétaires, est une des promenades des baigneurs.

EAUBONNE est une charmante commune où l'on trouve des maisons de campagne délicieuses, notamment celle qui a appartenu au général Merlin.

Son nom latin d'*Aqua bona* a été un sujet de graves discussions pour les étymologistes, qui ne voulaient point qu'il fût traduit par les mots *Eaubonne*, prétendant que les eaux qui alimentent cette partie de la plaine de Montmorency ne méritent pas cette dénomination ; ils transformaient les mots *Aqua bona* en *Albona*, prétendant qu'un nommé Albon avait possédé des propriétés sur ce territoire.

Madame d'Houdetot, connue par les confessions de J.-J. Rousseau, habitait ce village, et le philosophe, qui en était amoureux, venait souvent de l'Hermitage à Eaubonne.

Là aussi se trouve une maison de campagne qui a été habitée par un ancien avocat, M. Desclozeaux, qui avait acheté le cimetière de la Madeleine, où avaient été déposés les restes de Marie-Antoinette, et qui fut le gardien de ces restes jusqu'au 18 janvier 1814.

ANDILLY est un des plus jolis villages des environs de Paris ; il a été rendu célèbre par J.-J. Rousseau, qui en avait fait le but d'une de ses promenades ordinaires. La vue au-dessus du village embrasse un espace immense. Ce pays possède de jolies promenades et un rendez-vous de chasse qui était jadis très suivi.

MONTMAGNY possédait autrefois un château seigneurial qui fut en partie démoli pendant la révolution ; on voit encore des restes de ce château.

L'anecdote suivante se rapporte à Montmagny : Le 3 mai 1814, jour de l'entrée du roi Louis XVIII à Paris, un ballon nocturne parti de Tivoli à 7 heures et demie du soir, dirigé par l'aéronaute Augustin, descendait à 8 heures dans un jardin de Montmagny.

MONTMORENCY. Que de choses à dire sur cette petite ville, dont l'histoire ferait un beau volume ! car cette histoire serait celle d'une famille célèbre à un grand nombre de titres. Nous recommanderons seulement à nos lecteurs de ne pas quitter Montmorency sans visiter : 1° l'Hermitage, où J.-J. Rousseau a composé ses ouvrages, où Robespierre, dans la nuit du 6 au 7 thermidor 1793, dressait des listes de proscription qui devaient atteindre des habitants de Montmorency (1) ; 2° l'église mal entretenue et si négligée, où se trouvaient les tombeaux de plusieurs chefs de l'illustre famille des Montmorency.

Les oratoriens et les mathurins avaient une maison à Montmorency, et c'est à l'Oratoire qu'appartenait le père Cotte, dont nous avons si souvent parlé dans notre lettre.

Montmorency est l'habitation d'un grand nombre de personnes célèbres dans les arts, la magistrature, les sciences. Des constructions nouvelles vivifieront encore ce pays.

SANOIS. Cette commune est, comme Franconville, une des premières qui admirent, en 1626, les sœurs de charité instituées par Saint-Vincent-de-Paul.

Il y avait sur un des coteaux de Sanois une fontaine dite de Saint-Flaive, qui donna naissance à un hermitage qu'on voyait encore en 1720. La propriété ayant été achetée par MM. de Blainvilliers, on y construisit une

---

(1) L'Hermitage appartenait à Saint-Jean-d'Angély, qui l'avait cédé à Robespierre.

maison bourgeoise et une ferme; il ne reste plus de cet hermitage que la fontaine qui se trouve dans un jardin sous une voûte; on y voyait, il y a quelques années, une image de Saint-Flaive habillé en moine. M. de Locré et Mme d'Oudetot avaient des maisons de campagne dans ce village.

Franconville était connu dès le huitième siècle. En effet, on trouve dans une charte de l'abbaye de Saint-Denis que le revenu de la paroisse de Franconville était affecté à l'achat *de souliers et de vêtements destinés aux moines.*

Il existait autrefois à Franconville une maladrerie qui avait des rentes bien établies et qui servait pour les malades d'Argenteuil, de Cormeil, de Montmagny, de Conflans-Sainte-Honorine, de Chenevierres, de Houilles, de Carrières-Saint-Denis, de Bezons et de Sartrouville. Cet établissement fut ruiné pendant les guerres de religion.

C'est à Franconville où l'on établit primitivement des sœurs de la charité. Marie le Marinel, curé de Franconville en 1626, obtint un de ces établissements, dont Saint-Vincent-de-Paul devait être le principal; mais cet établissement fut promptement abandonné.

L'abbé Suger avait de la prédilection pour l'abbaye de Franconville; il se plaisait à en parler et il se vantait d'avoir augmenté le revenu de cette terre de *quarante sous de rente.* Dans son testament, il recommande de prendre *vingt sous* sur les mêmes revenus pour ses funérailles.

Les Montmorency furent, après les moines de Saint-Denis, seigneurs de Franconville, possesseurs de la route de Rouen; ils y avaient établi un *péage.*

Franconville a été habitée par le célèbre Cadet de Vaux, par le comte de Tressan, par MM. Cassini, Casanova, et par le comte d'Albon.

Saint-Leu-Taverny. Saint-Leu est une des communes de Seine-et-Oise, à 25 kilomètres de Paris. Cette commune offre de l'intérêt sous le rapport de l'histoire.

C'est dans la nouvelle église que l'on trouve les caveaux où ont été déposées les dépouilles mortelles de Charles Bonaparte, grand-père de l'Empereur, celles de son père et de ses deux frères.

C'est à Saint-Leu-Taverny et dans les jardins du château que MM. Mirbel et Chevreul ont répété les expériences de Hales, *sur la cause de la pression à laquelle est soumise la sève ascendante des divers végétaux.* (Mon père avait l'honneur d'accompagner ces savants lors de ces expériences.)

Pontoise. Cette ville qui, grâce au chemin de fer, est à très peu de distance d'Enghien, mérite une visite; elle est célèbre par un grand nombre de faits; elle fut d'abord la résidence de plusieurs rois et reines : Philippe Ier, saint Louis, Isabelle de Hainaut, Jeanne de France l'ont habitée. Elle fut un très grand nombre de fois assiégée par l'ennemi. En 885, elle fut prise par les Normands ; en 1419 et en 1437, par les Anglais ; en 1442, par Charles VII ; en 1587 et en 1590, par Henri IV. On sait que les États généraux furent convoqués à Pontoise en 1561 ; que ce fut dans cette ville que se retira la cour du jeune Louis XIV, pendant les troubles de la Fronde ; que c'est à Pontoise que le Parlement fut exilé en 1672, en 1720 et en 1755.

Philippe, duc de Bourgogne, quatrième fils de Jean de Valois, roi de France, est né à Pontoise le 15 janvier 1341. C'est aussi dans cette ville que sont nés Vaillant, célèbre botaniste, auteur du *Botanicum parisiense* ; le poëte Vilson ; enfin, Nicolas Flamel, sur lequel il a été publié tant de faits contradictoires.

Près de Pontoise, était la célèbre abbaye de Maubuisson.

SAINT-DENIS. Par le chemin de fer, Saint-Denis est une des promenades les plus commodes pour les personnes qui habitent Enghien et qui peuvent y trouver des sujets d'études en visitant l'église et les tombeaux des rois de France.

On voit à Saint-Denis la maison impériale de la Légion d'honneur, de nombreuses fabriques. La ville possède des promenades délicieuses. Près de Saint-Denis est la Briche, hameau qui offre, comme particularité, les restes d'une maison de campagne confisquée en 1433 par le roi d'Angleterre et donnée par lui à un de ces Français félons qui avaient déserté la cause royale pour embrasser le parti de l'étranger. Ce fut auprès de ce même château et dans la plaine même qui est entre le hameau de Saint-Léger, que tous les Anglais rassemblés de tous les environs de Paris furent complètement battus en 1436. C'est à Saint-Denis que fut faite la découverte, par MM. Leblanc et Dizé, de la fabrication de la soude factice, qui a soustrait la France à un impôt immense qu'elle payait à l'étranger.

S'il fallait décrire ce qu'on peut observer dans cette ville, il faudrait y consacrer un volume. Nous laissons ce travail à d'autres ; d'autant plus qu'il sort de nos habitudes.

Nous nous arrêtons ici ; mais nous dirons que les personnes qui habitent Enghien peuvent avec la plus grande facilité visiter tous les environs de Paris et connaître mieux le pays que ne le connaissent les Parisiens eux-mêmes.

A. C.

Paris. — Typ. Penaud frères, 10, r. du Faub. Montmartre.

www.ingramcontent.com/pod-product-compliance
Lightning Source LLC
Chambersburg PA
CBHW071430060426
42450CB00009BA/2110